AF293087

Sebastian Thiel

Double-Ultra-Triathlon Lensahn 2023

Ich will doch nur durchkommen

FSC
www.fsc.org
MIX
Papier aus verantwortungsvollen Quellen
Paper from responsible sources
FSC® C105338

Impressum

Bibliografische Information der Deutschen Nationalbibliothek:
Die Deutsche Nationalbibliothek verzeichnet diese Publikation in der Deutschen Nationalbibliografie; detaillierte bibliografische Daten sind im Internet über http://dnb.dnb.de abrufbar.

Herstellung und Verlag: BoD – Books on Demand, Norderstedt

ISBN: 978-3-7578-8954-8

Inhaltsverzeichnis

Double-Ultra-Triathlon Lensahn 2023

[...] Belohne dich für dein Training, hatte Anjas Tochter mir mit auf den Weg gegeben. So gerne. Aber die Belohnung verschwand gerade am Horizont. Mit der aufgehenden Sonne ging sie unter [...]

Vorwort

Je älter man wird, desto mehr Erinnerungen trägt man mit sich. Aber nehmen unsere Erinnerungen in zunehmendem Alter auch eine immer gewichtigere Rolle ein? Und wie sehr kann man Erinnerungen wieder hervorrufen, kehrt man an Orte und Plätze nach langer Zeit zurück? Bemerkt man an diesen Orten auch, dass man sich in seiner Erinnerung getäuscht hat oder wird man möglicherweise durch die Realität enttäuscht?

Ich startete in den Jahren 2011, 2012 und 2014 beim Triple-Ultra-Triathlon in Lensahn über 11,4 Kilometer schwimmen, 540 Kilometer Radfahren und 126,6 Kilometer laufen. Demzufolge war es in diesem Jahr mein vierter Start, aber der letzte lag eben neun Jahre zurück. Neun Jahre, eine lange Zeit. So viel Zeit, dass man einander vergessen kann. Aber ich wusste immer, dass ich zurückkehren würde. Zurück in diesen seltsamen aber faszinierenden Kosmos eines Ultratriathlons. Doch zum zweiten Mal nach dem letzten Jahr wurde nicht nur der Triple-Ultra-Triathlon angeboten, sondern auch ein Double-Ultra-Triathlon über 7,6 Kilometer schwimmen, 360 Kilometer Radfahren und 84,4 Kilometer laufen. Das fand ich für meine Rückkehr als ausreichend.

Start

Berlin, den 1. August 2023

Lieber B.!

Auch wenn wir uns nicht kannten, im Nachhinein empfand ich es fast als eine Art Klassentreffen, was wir elf Teilnehmer beim Double-Ultra-Triathlon in Lensahn hatten. Nachdem der Triple um sieben Uhr gestartet worden war, fanden wir uns um kurz vor zwölf Uhr auf den Bahnen 4 und 5 des Waldschwimmbads Lensahn ein. Vorher war ich gespannt, ob jeweils zwei auf die sechs Bahnen verteilt würden. Aber wir waren zu sechst auf Bahn 5 eingeteilt, was es mir einfacher machte, im Wasserschatten eines anderen zu schwimmen. Die anderen waren Falco, Eddi, Burkhard, Heiko und Jürgen. Auf Bahn 4 starteten die beiden Frauen in unserer Runde Anja und Margit sowie Michael, Bernhard und Morten. Sie sollten die schnelleren Schwimmer sein und waren es auch.

Am Tag vorher waren Anja und ich angereist und pünktlich am Mittag zur Wettkampfbesprechung in Lensahn angekommen. Danach waren wir mit unserem Hund Sam an der Ostsee spazieren, bezogen unsere Ferienwohnung und ich drehte eine kleine Runde mit dem Rad. Um 18 Uhr waren auch Henrik und sein Sohn Mats, mein Patenkind, eingetroffen und wir trafen uns mit ihnen zur Nudelparty und Athletenvorstellung in Lensahn. Es zog sich, bis der Sprecher Bernhard die 38 Teilnehmer des Triple- und elf des Double-Ultra-Triathlons sowie 15 Teilnehmer des 24-Stunden-Laufs vorgestellt hatte. Zu den meisten Teilnehmern hatte er auch ein paar Dinge zu erzählen. Über mich meinte er allerdings noch nichts berichten zu können und dass wir uns im Laufe der nächsten beiden Tage kennenlernen würden. Ich dagegen erinnere mich noch gut, wie er mich 2014 als letzten Finisher im Ziel begrüßt hatte.

Anja war, glaube ich, froh, dass Henrik jetzt da war. Vielleicht war sie sogar ähnlich aufgeregt oder angespannt wie ich. Wir haben uns 2014 zwei Monate nach meinem letzten Finish hier kennengelernt. Und wenn sie auch gleich in unserem ersten gemeinsamen Jahr bei drei Ironman und dem 100-Meilen-Lauf dabei war, ich erinnere mich noch, wie ich Henrik erzählte, dass sie mich erst wirklich kennen wird, wenn sie mit in Lensahn war. Jetzt machte sie sich Gedanken, dass Henrik und sein Sohn Mats mich versorgen wollten, während sie sich hoffentlich auch Zeit nehmen würde, um mit Sam ein paar schöne Spaziergänge zu machen. Vor allem sollte sie auch die Nacht in unserer Ferienwohnung verbringen und nicht am Streckenrand. Während des Wettkampfes bekam ich dann aber auch das Gefühl, dass sie sich einfach ein bisschen um mich und um meine Gesundheit sorgte.

Weil mein Start erst um zwölf Uhr war, konnten wir auf der Nudelparty etwas länger sitzen bleiben. Außerdem schliefen Anja und ich morgens ein bisschen aus und hatten ausreichend Zeit noch einiges vorzubereiten. Wir schmierten Sandwiches, mixten Iso in Flaschen und verteilten meine Klamotten fürs Radfahren und fürs Laufen auf verschiedene Taschen. Schließlich waren wir gegen elf Uhr am Platz von Henrik und Mats unterhalb des Schwimmbads. Die meisten Teilnehmer des Triples hatten zu dieser Zeit das Schwimmen schon beendet und bogen auf die Radstrecke ab. Wir liefen hoch zum Eingang, ich stellte mein Fahrrad ab und es war gut, dass es jetzt auch für mich endlich losging.

Ich zog den Neoprenanzug an, klatschte Henrik und Mats ab und Anja und ich nahmen uns in den Arm. War ihr etwas bange zumute? Ich wusste ungefähr, was auf mich zukam. Henrik wusste es. Anja wusste es nicht. Wie ist es für Außenstehende, wenn sie jemanden verabschieden, der sich jetzt für mehr als einen Tag mit Schwimmen, Radfahren und

Laufen beschäftigen will? Dann stieg ich in das Becken hinab und ein bisschen ist es, als ob man in eine andere Welt abtaucht. Beim ersten Mal weiß man das vielleicht noch nicht. Aber beim vierten Mal auf jeden Fall. Ab jetzt war ich in einer anderen Welt.

Erinnerung: 16. Oktober 2022 und Müritz-Lauf

Am 16. Oktober 2022 kannten Anja und ich uns seit acht Jahren. Wir nahmen das zum Anlass, einen Ausflug in den Grunewald zu unternehmen und um auf Lindwerder essen zu gehen. Dort erzählte ich ihr, dass ich mich gerne zum Double-Ultra-Triathlon in Lensahn im nächsten Jahr anmelden würde. Ich war überrascht, wie schnell sie zustimmte und sagte, dass ich es machen soll.

Nachdem ich ihr von diesem Vorhaben erzählt hatte, war es in meiner Gedankenwelt präsenter. In der Woche danach dachte ich auf dem Weg zur Arbeit, wie sehr ich mich unter anderem darauf freue, im Schwimmbad fünf Kilometer zu schwimmen. Zweieinhalb Stunden und 100 Bahnen immer hin und her. Kann sinnfreies Handeln glücklich machen? Oder ist es nur scheinbar sinnfrei?

Ich notierte mir fünf Punkte, die ich gerne in mein Training einbauen wollte. Der erste war eine Radtour rund um Berlin über ungefähr 280 Kilometer. Dann wie eben erwähnt, einmal im Schwimmbad zweieinhalb Stunden und vielleicht sechs Kilometer schwimmen. Im März wollte ich gerne samstags einen Marathon in einer guten Zeit laufen und gleich anderntags am Sonntag einen Marathon, bei dem ich einfach nur durchkomme. Angesichts der Radrunde in Lensahn von acht Kilometern wollte ich gerne im Training einmal auf einer ähnlich langen Runde wenigstens 100 Kilometer fahren. Zu guter Letzt stand noch der Wunsch, einmal mindestens sechs Runden um den Schlachtensee in Zehlendorf zu laufen auf dem Zettel.

Mitte November stand ich dann auf der Starterliste des Double-Ultra-Triathlons. Das passte, denn drei Tage später wollte ich wieder nach einem Plan trainieren, nachdem ich davor sechs Wochen lang nur nach Lust und Laune und wenig trainiert hatte. Immerhin lief ich in dieser Zeit über fünf und über zehn Kilometer so schnell, wie seit zwei Jahren nicht mehr. Der Plan, den ich angehen wollte, zielte auf einen Marathon Anfang März in weniger als vier Stunden hin und beinhaltete vier Laufeinheiten pro Woche. Zusätzlich wollte ich einmal in der Woche schwimmen, einmal Rad fahren und einmal Athletiktraining machen.

Die sechs Wochen Pause hatte ich mir gegönnt, weil ich im August beim Müritzlauf über 75 Kilometer mitlief und danach im Abstand von wenigen Wochen bis Mitte Oktober beim Usedom-, Berlin- und Schlaubetal-Marathon. Beim Müritzlauf einmal mitzumachen, war kein langgehegter Wunsch von mir, aber nachdem zwei Bekannte davon erzählt hatten und ich in Vorbereitung auf den Deutschlandlauf dort gerne einen Trainingslauf gemacht hätte, der nicht zustande kam, ergab es sich, dass ich dorthin fuhr. Der zeitliche Abstand zum Ironman in Frankfurt hatte mit zwei Monaten gut gepasst. In dieser Zeit lief ich endlich einmal morgens von meinem Zuhause in Altglienicke 35 Kilometer über den Mauerweg zu meinen Eltern in Düppel und nach einer dreieinhalbstündigen Pause den gleichen Weg wieder zurück. Das war auch ein Vorhaben, dass ich in Vorbereitung auf den Deutschlandlauf nicht geschafft hatte umzusetzen. Der Hinweg ging gut und ich war wie geplant in vier Stunden bei meinen Eltern. Auf dem Rückweg verließ mich nach 16 Kilometern die Kraft und der zweite Teil wurde eine 20 Kilometer lange Wanderung mit kurzen Laufabschnitten. Am Ende brauchte ich für den Rückweg 50 Minuten mehr.

Eine Woche vor dem Müritzlauf fuhr Anja mit ihrer Tochter in den Urlaub. Wegen meines neuen Jobs konnte ich nicht mitfahren und wohnte stattdessen zwei Wochen lang mit dem Hund bei meinen Eltern, damit er tagsüber versorgt war, während ich arbeiten ging. Leider verletzte ich mich dort am

Knie. Es war ein Schmerz, der einfach am Morgen auf dem Weg zur Arbeit einsetzte. Vielleicht hatte ich es mir nachts verdreht? Es war unangenehm, aber es hinderte mich nicht am Laufen und ich hatte auch nicht das Gefühl, dass ich durch Weiterlaufen etwas kaputt machte. Nach einem letzten Testlauf mit einer Kniebandage entschied ich, nach Waren zu fahren und den Start zu wagen. Mein Vater begleitete mich. Unseren ersten Ausflug unternahmen wir 1990, als wir zum Marathon nach Hamburg fuhren. Er war 44 und ich war 15. Wie sehr kann man es schätzen, dass wir 32 Jahre später immer noch solche Ausflüge gemeinsam machen?

Der Start erfolgte um acht Uhr. Nach den ersten zwei Kilometern, auf denen wir noch die Müritz sahen, bogen wir in einen Wald ab und die Gruppe, in der ich mich befand, löste sich auf. Ich hörte hinter mir lediglich noch einen anderen Läufer, der mich am dritten Verpflegungstand überholte und davonzog. Sein Trikot mit „Costa Rica"-Schriftzug blieb mir aber haften. Spätestens ab Kilometer 20 lief ich allein. Als ich mich kurz danach auf einem Radweg neben einer etwas befahreneren Straße befand, holte mich mein Vater mit einem E-Bike ein, welches er erst eine Stunde nach meinem Start hatte ausleihen können. Gleich fragte er nach meinen Knieschmerzen, die zu diesem Zeitpunkt extrem waren. Ich dachte übers Aufgeben nach. Aber sollte ich zurückwandern? Sollte ich meinen Vater mit dem Rad zurückschicken, damit er mich mit dem Auto abholte? Sollte ich einfach beim nächsten Versorgungspunkt sitzen bleiben, bis mich vielleicht dort jemand mitnehmen konnte? Aufgeben ist manchmal nicht einfacher als Weiterlaufen. Bei Kilometer 25 war allerdings meine Zeit auch überraschend gut und ich lag unter meinem Plan, nach neun Stunden im Ziel zu sein. Also weiter und bald wurden auch andere Schmerzen größer, so dass ich die Knieschmerzen beinahe vergaß. Bei Kilometer 38 erreichten wir eine hässliche Straße und ich gönnte mir die erste Gehpause. Dann folgte Röbel, wo ich schon zweimal einen Kurzurlaub gemacht hatte und hoffte, vielleicht einen Endspurt einläuten zu können. Doch das war unmöglich. Ich war nur froh, dass das Tempo auf den letzten 20 Kilometern bloß langsam sank und kein Einbruch erfolgte. So konnte ich immerhin meinen Freund mit dem „Costa Rica"-Trikot wieder überholen und erreichte schließlich nach 9:09 Stunden das Ziel in Waren.

Im Winter wurde mir bewusst, dass ich mit der Teilnahme am Müritzlauf vielleicht den Grundstein für die Teilnahme am Double-Ultra-Triathlon gelegt hatte. Es war wieder ein Stück normal geworden, dass ich solche Distanzen schaffe. Und es war wieder eine Selbstverständlichkeit da, mit der ich zwei Wochen danach den Usedom-Marathon lief und im Oktober den Schlaubetal-Marathon. Nur der Berlin-Marathon dazwischen bildete eine Ausnahme. Da fühlte ich mich nicht sehr wohl. Bezeichnend dafür waren die Fotos, die ich danach zugeschickt bekam. Auch wenn es nur Proben sind, von denen man für viel Geld die Originale bestellen soll, auf jedem Foto sah ich angestrengt nach unten.

Die Durchgangszeit beim Müritzlauf nach der Marathondistanz war übrigens 4:38 Stunden. Ich war das erste Mal seit zwei Jahren in einem Wettkampf wieder deutlich unter fünf Stunden gelaufen und ich hatte dort ja noch 33 Kilometer vor mir. Die Zeiten von 4:25, 4:22 und 4:27 Stunden auf Usedom, in Berlin und im Schlaubetal waren ein weiterer Schritt nach vorne. Wenn sie natürlich auch noch weit weg waren von früheren Zeiten und von dem, was möglich sein müsste. Mentale Arbeit ist schwer und mentalen Fortschritt zu erreichen, noch viel schwerer. Aber die Selbstverständlichkeit überhaupt wieder so laufen zu können, die war zurück.

In der Ergebnisliste schaue ich ja immer gerne, ob ich in der ersten Hälfte geblieben bin. Beim Ironman und bei den Ultraläufen klappt es meistens nicht ganz. So war ich beim Müritzlauf im letzten Drittel, fand das aber wegen der Knieprobleme okay. Auf Usedom war ich dann schon wieder am Ende des zweiten Drittels und im Schlaubetal 20. von 40. Wenn ich also nicht nur auf die Zeit schaue, die Platzierungen wurden schon ein bisschen besser.

Schwimmen

Unten im Becken, in dieser anderen Welt, redeten wir Athleten kurz darüber, wie schnell wir schwimmen wollten. Aber unter langsamen (schlechten) Schwimmern war es nicht so schnell auszumachen, wer der Einäugige unter den Blinden war und wir scherzten nur. Schließlich war es nur noch eine Minute bis zum Start und dann zählten wir von Zehn herunter. Los ging es. Ich war zuversichtlich. Durch die späte Startzeit war der morgendliche Zeitdruck genommen, aber ein wenig Aufregung und Anspannung, was ich fast vermisst hatte, gehört dazu und hatte ich noch aufbauen können.

Das Schwimmen müsste funktionieren, dachte ich, obwohl ich mich bei meiner letzten Einheit vor drei Tagen miserabel gefühlt hatte. Vor meiner ersten Teilnahme hier im Jahr 2011 war ich in meiner letzten Einheit vor dem Start locker einen Rekord über 2.000 Meter geschwommen. Diesmal schwamm ich in der letzten Einheit nur 1.000 Meter, war aber langsamer, als ich hoffte, auf den jetzt vor mir liegenden 7,6 Kilometern zu sein.

Damit die Bahnenzähler, die auf der einen Seite des Beckens saßen, uns auseinanderhalten konnten, trugen wir verschiedenfarbige Badekappen. Auf den ersten Metern schwamm Grün (Falco) vorne. Ihm folgten Blau (Eddie), Gelb (Jürgen), Lila (Burkhard), Orange (ich) und Schwarz (Heiko). Identifizieren konnte ich die anderen ehrlich gesagt erst hinterher anhand ihrer Zeiten. Außer Heiko, den ich beim 100-Meilen-Lauf schon mal getroffen hatte, kannte ich keinen. Und Heiko zog dann auch an mir vorbei, so dass ich (wieder mal) Letzter war. Auch 2014 bei meinem letzten Start schwamm ich anfangs hinterher. Doch ich war mir sicher, dass sich durch die Pausen die Platzierungen noch ändern würden.

Anja, Henrik und Mats hatte ich 3:20 Stunden als Zielzeit für das Schwimmen angegeben. Jürgen und Eddie waren im letzten Jahr dabei gewesen und kaum schneller geschwommen, so dass ich hoffte, nicht zu viel Rückstand zu haben, sollte ich Letzter bleiben. Aber trotz der Platzierung schwamm ich die ersten 500 Meter so schnell wie seit sechs Jahren nicht mehr. Wie immer, dachte ich. Alle schwimmen viel zu schnell los.

Ich folgte jetzt nur noch Lila. Die anderen waren voraus. Aber eigentlich war es auch ein gelungener Start und ich freute mich, dass Anja mit Sam immer noch da war. Wir hatten die Befürchtung, Sam wäre das Ganze zu laut. Ich hatte ihr geraten, gleich mit ihm loszuziehen und dann lieber an die Radstrecke zu kommen. Doch sie hielten durch und nachdem sich bei uns im Becken die Hektik des Starts gelegt hatte, winkten wir uns auch mal zu.

Dann überrundete mich Grün das erste Mal, Gelb machte die erste Pause und Lila auch. Das hieß, ich war nun Vorletzter. Aber schon nach 100 Metern überholte mich Lila wieder. Ich wunderte mich, dass er nicht auch mal im Wasserschatten schwimmen wollte. Schließlich beendete ich das erste Viertel. Für 1.900 Meter hatte ich 45 Minuten gebraucht.

Auch der 12-jährige Mats fragte mich, was ich während der etwa 30 Stunden Wettkampfdauer denken würde. Vielleicht ist die Frage schon beantwortet, wenn man sieht, dass ich mehrere Seiten schreibe, um Dir von der ersten Dreiviertelstunde zu berichten. Ich beschäftige mich mit dem Wettkampf an sich, mit den anderen Teilnehmern und mit meinem Plan und dessen Umsetzung. Manchmal kann mir das allerdings auch zu viel werden und dann versuche ich, an nichts zu denken und nur im Wettkampf zu sein und ihn zu genießen. Schwimme hier, du hast ein Dreivierteljahr dafür trainiert und sei einfach da, denke ich dann zum Beispiel. In den Phasen, in denen ich mich nicht mit meinem Plan oder dem Wettkampfgeschehen auseinandersetze, muss ich dann aber aufpassen nicht ins negative Denken zu rutschen. Je länger der Wettkampf dauert, umso schwieriger wird das. Und je kaputter du bist, um so unmöglicher. Später beim Laufen kämpfte ich ewig darum, nur noch einen Halbmarathon laufen zu müssen. Als es dann soweit war, dachte ich an meine Lieblingsrunde bei meinen Eltern im Düppeler Forst und am Griebnitzsee entlang. Würde mich jetzt jemand in meinem Zustand dorthin versetzen und sagen, nun lauf deine Lieblingsrunde, ich hätte es nicht geschafft, dachte ich. Der ewige Weg durch den Wald, am Wasser entlang, die kleinen Anstiege hoch; eine Runde, die ich nicht mehr bewältigen könnte. Aber das Ganze passierte ja erst in mehr als 24 Stunden.

Nun war es an der Zeit, sich mit der ersten Trinkpause zu beschäftigen. Ich gab Henrik und Mats ein Zeichen und nahm etwas Iso zu mir. Anja verabschiedete sich und so ging alles seinen Weg. Ich freute mich, dass Anja jetzt machte, wozu sie Lust hatte. Sie sollte sich nicht zu viel um mich sorgen. Dafür hatten ja Henrik und Mats mitkommen wollen.

Nach drei Kilometern aß ich das erste Mal eine Kleinigkeit, war etwas langsamer geworden, hatte den Kontakt zu Lila verloren, aber die Vermutung, dass Gelb nicht mehr vor mir lag, weil er viele Pausen machte. So erreichte ich Kilometer 3,8, die Hälfte, in 1:34 Stunden. Bernhard, unser Ansager, erzählte den Zuschauern – vor allem also unseren Betreuern – immer mal wieder etwas über unsere Kilometerleistungen. Im Wasser schnappte ich stets nur ein paar Brocken auf. Aber später, als es übersichtlicher wurde, weil die Ersten fertig waren, nannten uns auch die Bahnenzähler unsere Kilometer, was mit dem übereinstimmte, was ich zählte und meine Uhr anzeigte.

Auf der zweiten Hälfte pausierte ich noch dreimal. Ich aß eine halbe Banane, einen Müsliriegel und nahm ein Gel. Dreimal merkte ich mir auch die Gesamtzeit und schaute, ob ich die nächsten 500 Meter in 13 Minuten schaffte. Es klappte immer. So war ich beschäftigt und lenkte mich ab. In meiner letzten Pause sagte Henrik, dass Anja mit Sam nicht mehr ins Schwimmbad hereingelassen wurde, weil der öffentliche Badebetrieb inzwischen gestartet war. Ich war etwas betrübt, aber daran hatte niemand von uns gedacht. Und wenigstens war ja das Ende schon nicht mehr ganz so fern, denn Grün fehlte schon. Falco hatte das Schwimmen in 2:44 Stunden beendet, aber ich hatte es gar nicht mitbekommen. Auch auf der anderen Bahn waren bereits vier von fünf mit dem Schwimmen fertig, was ich auch nur am Rande wahrgenommen hatte. Es kann frustrierend sein, wenn du noch einige Bahnen vor dir hast, während die anderen schon fertig sind. Es kann dich aber auch aufbauen, denn du weißt, dass du es dann auch bald geschafft hast.

Als Nächster war Schwarz fertig. Ich schwamm gerade hinter Heiko, als er das Becken wenige Sekunden bevor drei Stunden vergangen waren, verließ. Für mich waren es in diesem Moment noch 500 Meter. Sicher war ich, dass Blau noch vor mir lag und hatte Recht. Denn Eddie verließ das Wasser nach 3:04 Stunden. Bei Gelb war ich dagegen inzwischen sehr sicher, dass er hinter mir lag. Aber was war mit Lila? Burkhard verließ eineinhalb Minuten vor mir das Becken, als mir das ersehnte Schild für die letzten 100 Meter schon angezeigt worden war. Ich glaube, zwischen Burkhard und mir lagen am Ende nie mehr als zwei Bahnen Abstand.

Bei Kilometer sechs hatten mir die Bahnenzähler das letzte Mal mitgeteilt, wie viele Kilometer ich erreicht hatte. Oder ich hatte es danach nicht mehr verstanden. Meine Uhr zeigte am Ende 300 Meter mehr an, weil ich vermutlich beim Trinken ein paar Mal den Arm so bewegt hatte, dass sie eine Bahn zählte. So war ich leicht unsicher, als ich auf die vorletzte Bahn ging, ob ich gleich das Schild „100 Meter" sehen würde. Aber ich hatte mich nicht vertan und war erleichtert und ein wenig stolz.

Wie in vielen Jahren zuvor, hatte ich nicht viel Trainingszeit für das Schwimmen aufgebracht. Dabei bin ich in den letzten beiden Jahren gerne schwimmen gegangen, nachdem es früher nach der morgendlichen Schicht beim Paketdienst oft eine Belastung war. Aber einmal wöchentlich ist zwar regelmäßig, jedoch nicht besonders viel, um für eine Distanz von 7,6 Kilometern zu trainieren. Hinzu kam, dass ich oft nur eine Dreiviertelstunde Zeit hatte. Außerdem hatte ich mir Ende des vergangenen Jahres vorgenommen, mal wieder ein vernünftiges Marathontraining zu absolvieren, um Mitte März einen guten Marathon zu laufen. Insofern galt bis dahin das Schwimmen auch nur als Ausgleich zum Laufen.

Erinnerung: März-Marathon

Nach all den Jahren war der Marathonplan einer der ersten Pläne, die ich wirklich umgesetzt habe wie vorgegeben. Nur Anfang Dezember, als ich mit meinen Geschwistern in Weimar war, lief ich mit Rupert eine anstelle von zwei Stunden. Außerdem startete ich später im Plänterwald bei einem Zehn-Kilometer-Lauf, statt einen langen Lauf zu machen. Formüberprüfungen waren aber auch erwünscht, hieß es im Plan. So überlegte ich, ich würde mindestens die Schulnote „2" für die Einhaltung des Plans erhalten. Außerdem konnte ich jede Einheit auch in Tempo und Puls umsetzen. Sehr selten hielt ich das Tempo nicht ganz oder der Puls war etwas höher. Aber wenn ich um 4:45 Uhr aufstand und um 5:10 Uhr loslief, ist verständlich, dass ein Tempolauf schwerfällt. Irgendwo las ich dann, dass diese Nüchternläufe am frühen Morgen nicht als Tempoläufe geeignet sind. Man lernt nie aus.

Im letzten Jahr, als ich für den Ironman in Frankfurt trainiert habe und drei Monate lang nicht arbeiten musste, gelang es mir nicht, meinen Trainingsplan zu verfolgen. Aber ich konnte in meiner Auszeit in Friedrichskoog an der Nordsee am Deich entlang Rad fahren und zog das öfter dem Schwimmbad und darin Bahnen zu ziehen vor. Das ist immer meine Freiheit, von der ich oft schreibe und die für mich dieser Sport bedeutet. Vielleicht ist für mich das Training und all das, was ich in den Trainingsstunden erlebe, auch wichtiger als der Wettkampf. Wahrscheinlich hätte ich im letzten Jahr die Schulnote „4" für die Umsetzung meines Trainingsplans bekommen. Am Ende bestehe ich dann immer (den Wettkampf), aber die Leistung könnte eigentlich besser sein.

Der Marathonplan orientierte sich auf jeden Fall an meinen aktuellen Bestzeiten über zehn Kilometer und über Halbmarathon. Danach sollte eine Zeit von 3:52 Stunden im

Marathon drin sein. Ich war erst darauf aus, unter vier Stunden zu bleiben, sei es auch nur eine Sekunde. Aber dann bekam ich Corona. Wir steckten uns in der Familie gegenseitig an. Ich fluchte jedoch vor allem darüber, dass die Maskenpflicht in öffentlichen Verkehrsmitteln gerade abgeschafft worden war. Hätte man damit nicht noch vier Wochen warten können, bis der Frühling da gewesen wäre? Ich bin nun mal morgens und abends in teilweise überfüllten Bahnen unterwegs. Wegen Corona fiel mein letzter langer Lauf aus und als ich nach sechs Tagen das erste Mal wieder trainierte, stimmten natürlich Puls und Tempo nicht überein. Eine Woche vor dem Marathon war ich mit drei Freunden für zwei Tage in Posen, lief dort samstags einmal um den Maltasee und war mir immer noch unsicher, was ich eine Woche später machen sollte.

Ursprünglich hatte ich einen Start in Sülldorf in der Nähe von Hamburg beim dortigen Feldmark-Marathon geplant. Die Teilnehmerzahl war auf 50 begrenzt. Normalerweise sind das meine liebsten Läufe. Aber wegen meiner Verunsicherung fehlte mir die Motivation für die Fahrt. Dazu wurden auch noch Schneeschauer bei 1 Grad vorausgesagt. Zufällig stieß ich dann auf einen Marathon, den die Südost-Berliner-Vielläufer in Waßmannsdorf, circa acht Kilometer südlich von mir zu Hause gelegen, veranstalteten. Ein privat organisierter Marathon, keine angemeldete Veranstaltung und auf 30 Teilnehmer begrenzt. Da spare ich Zeit und Geld, dachte ich. Aber ich haderte auch, dort zu starten. Als ich schließlich am Samstagmorgen um sieben Uhr aufstand, schneite es und Schneematsch lag auf den Bürgersteigen. Wie sah man jetzt die auf die Straße gemalten Markierungen? Dass ich noch morgens vor dem Start unsicher war, wo ich laufen sollte, hätte den ganzen Marathon negativ beeinflussen können. Aber das passierte nicht und zeigte mir, dass ich mental wieder besser drauf war. Weder Corona noch meine Überlegungen, wo ich laufen sollte, beschäftigten mich unterwegs.

Am Ende entschied ich nämlich, so wie ich es in den Tagen zuvor auch schon überlegt hatte, meinen eigenen Marathon zu laufen – rund um den Müggelsee, wie ich es auch schon dreimal gemacht habe. Ich frühstückte, teilte Anja meine Entscheidung mit und nahm ihr noch die Morgenrunde mit dem Hund ab. Dann zog ich mich um und startete um kurz nach neun Uhr. Ich stellte den Timer der Uhr auf 4:12 Stunden, hielt diese Zeit für realistisch, aber auch zehn Minuten mehr oder weniger waren möglich. Die ersten Kilometer waren etwas langsamer und meine Endzeit tendierte in Richtung 4:18 Stunden. Nach sieben Kilometern an der Müggelspree entlang konnte ich Pfützen und Matsch kaum ausweichen. Auch wenn es nicht regnete oder schneite, der Boden war aufgeweicht und die Temperatur lag bei 1 Grad. Hinter dem Spreetunnel erreichte ich Kilometer zehn in knapp 62 Minuten. Danach in Richtung Rahnsdorf lief ich zum ersten Mal ein paar Kilometer etwas schneller. Aber entlang der Eisenbahnstrecke nach Erkner war der Waldboden wieder tief und schwer. Vielleicht kann ich später noch einmal zulegen, dachte ich. Jetzt war ich erstmal froh, das Tempo zu halten und mich danach zu fühlen, dass es keinen großen Einbruch geben würde. Über die Triglavbrücke und dann entlang des Gosener Kanals lief es gut. Nach 2:08:35 Stunden erreichte ich die Halbmarathon-Marke.

Ende 2019 war ich in Öjendorf einen Marathon in 4:11 Stunden gelaufen. Danach folgte mein Burnout und die Corona-Krise. So war die Zeit von 4:22 Stunden, die ich auf dieser Strecke im April 2021 gelaufen bin, mein schnellster Marathon seitdem. Damals hatte ich, nachdem ich vom Kanal in Richtung Kleiner Müggelsee abgebogen war, das Tempo forcieren können. Dieses Mal war es auch so. Kilometer 25 war mein schnellster Abschnitt. Aber als ich am Ufer des Großen Müggelsees Kilometer 30 erreichte, spürte ich, dass ich mit meiner Kraft haushalten musste. Zusätzlich hatte ich Gegenwind und die drei Gels sowie ein Viertelliter Iso stellten sich trotz der niedrigen Temperatur als zu wenig Verpflegung heraus. Bei Kilometer 35 verließ ich den Müggelsee und bog in Richtung Köpenicker Altstadt ab. Dieses Stück war schon in einigen Trainingsläufen das schwerste gewesen. Aber dieses Mal lief ich weiter mein Tempo. Als ich jedoch in Köpenick an zwei roten Ampeln stehen bleiben musste, merkte ich, wie kaputt ich war. Nun konzentrierte ich mich darauf, die beste Zeit seit dreieinhalb Jahren zu laufen und unter 4:20 Stunden zu bleiben. Von Grünau Richtung Altglienicke und am Teltowkanal entlang ging mir völlig die Kraft aus. Ich quetschte die letzten Tropfen Iso aus meiner Flasche. Schließlich erreichte ich nach 4:19:50 Stunden Kilometer 42,2 und befand mich genau vor unserer Haustür. Ich war froh und glücklich. Besseres Wetter, bessere (leichtere) Strecke und bessere Verpflegung, dann ist auf jeden Fall mehr drin. Kurz nach dem Lauf sah ich auch, dass ich mir erst für den Herbst vorgenommen hatte, mal wieder einen Marathon unter vier Stunden zu laufen.

Radfahren

Im Waldschwimmbad von Lensahn schlug ich nach 3:12:09 Stunden zum 152. Mal an den Beckenrand, bedankte mich bei den Bahnenzählern und kletterte aus dem Becken. Mats holte mich ab und fand meine Leistung cool, wie er sagte. Zwei Wochen vor dem Wettkampf hatten wir uns getroffen und besprochen, wie ich mir den Ablauf vorstellte. Da hatte er mich gefragt, ob ich gewinnen will. Mein Verneinen nahm er hin, aber ich war mir nicht sicher gewesen, ob er wirklich wusste, dass es hier noch mehr nur ums Durchkommen ging als bei jedem anderen Wettkampf. Doch in diesem Moment und später beim Laufen noch mehr merkte ich, wie sehr er hier die Leistungen aller respektierte. Und ich war ja auch acht Minuten schneller gewesen als geplant. Daher beeilte ich mich auch nicht beim Umziehen, sah, dass auch Eddie und Burkhard sich noch umzogen und folgte ihnen nach zehn Minuten Wechselzeit. Vor dem Schwimmbad allerdings begrüßte ich natürlich erst noch Anja. Ich sah ihr an, dass sie traurig war, nicht beim Beenden des Schwimmens und damit der ersten Etappe dabei gewesen zu sein. Mit einem Küsschen von ihr ging ich dann auf die Radstrecke.

Gelb verließ übrigens 15 Minuten nach mir das Schwimmbecken. Jürgen hatte mehr Pausen gemacht als ich gedacht hatte. Ich vermute aber auch, dass er weitreichendere Probleme hatte, denn schon nach sechs Radrunden stieg er ganz aus dem Rennen aus.

Ich rollte nach 200 Metern auf die Lübecker Straße und bog auf die Acht-Kilometer-Runde ein, die ich 45-mal zu fahren hatte. Aber wie Du Dich vielleicht erinnerst, ist es gar keine Runde, sondern es geht aus Lensahn hinaus und über das Dörfchen Nienrade bis nach Beschendorf, wo wir wendeten und auf der gleichen Straße zurückfuhren. In Nienrade saß von Beginn an ein Mann mittleren Alters, mit Vollbart und etwas alternativ aussehend. Es hatte den Anschein, als ob er Produkte aus seinem Garten am Straßenrand verkaufen wollte. Da zwar der öffentliche Verkehr unseretwegen nicht komplett stillgelegt worden, aber doch erheblich eingeschränkt war, machte er vermutlich kein gutes Geschäft. So saß er einfach auf seinem Stuhl, sah uns zu, lächelte und winkte auch mal. Einfach mal etwa 50 Verrückten zusehen, die sich vorgenommen haben 360 beziehungsweise sogar 540 Kilometer Radzufahren, warum nicht? Später saß ein Freund bei ihm, der ein bisschen auf einer Bongo trommelte und sie genehmigten sich ein paar Biere. Auch die Freundin kam noch hinzu und legte sich gleich in einen Liegestuhl. Nach Mitternacht schlief sie darin ein und unser Freund sowie sein Freund ebenfalls, bis sie schließlich verschwunden waren, während ich etwa 240 Kilometer hinter mir hatte und noch 120 vor mir.

Ob Sprinttriathlon oder Ultradistanz, ich brauche immer ein paar Kilometer bis ich eingefahren bin. Doch in der zweiten Runde rollte es schon verdammt gut und ich dachte an meinen zweiten etwas verwegenen Plan. Meiner Crew hatte ich eine Zeit von 13:30 Stunden für das Radfahren angegeben. Dabei hatte ich an 13 Stunden reine Fahrtzeit gedacht und an eine halbe Stunde Pause für Essen und Kleidungswechsel. Aber im November habe ich mir ein neues Rennrad gekauft: Speedy 2.0. Nach 17 Jahren war es mal an der Zeit. Mit dem neuen Rad ging ich im April auch zum ersten Mal in meinem Leben zu einem Bike-Fitting, so dass es perfekt auf mich eingestellt ist. Und obwohl ich zwar im Frühjahr gut trainierte, aber weder vom Umfang noch vom Tempo her überragendes leistete, fuhr ich im Mai beim Neuseenman einen 32er Schnitt.

Erinnerung: Neuseenman

In den Tagen vor dem Neuseenman, der in der Nähe von Gräfenhainichen in Sachsen-Anhalt stattfand, hatte ich überlegt, was ich verlange und was ich verlangen kann. Als ich als Jugendlicher meine ersten Marathons lief, dachte ich oft daran, dass es schön wäre, würde mich eine Freundin zu meinen Wettkämpfen begleiten. Dann kamen sie und ihre Begleitung strengte mich manchmal mehr an als der Wettkampf. Insofern ist es mit Anja entspannt. Ab und zu kommt sie mit. Aber wenn nicht, freut sie sich über ein entspanntes Wochenende und ich freue mich, meine Wettkämpfe entspannt anzugehen. Aber manchmal ist es auch anstrengend, alleine irgendwohin zu fahren und diese Unternehmungen nicht zu teilen.

Im letzten Jahr haben Anjas Tochter und ich einen Sprinttriathlon in Erkner absolviert und auch in diesem Jahr haben wir uns für eine Sprintdistanz angemeldet, die Ende August stattfindet. Sie ist also auch Triathletin und weiß nun, was das beinhaltet. Auf ihre Frage hin, wie ich mich in Bezug auf die Halbdistanz beim Neuseenman fühle, sagte ich, dass ich glaube, das Gröbste schon bewältigt zu haben, wenn ich um zehn Uhr pünktlich an der Startlinie stehe. Denn erst musste ich zu meinen Eltern, um mir ihr Auto zu leihen. Dann hatte ich eine Anfahrt von 130 Kilometern und schließlich musste ich vom Parkplatz mit Sack und Pack zum Start und zur Wechselzone kommen. Dort war dann die Frage, wo ich meine „normalen" Klamotten lasse, wenn niemand an der Seite steht, dem ich sie geben kann.

Aber natürlich klappte alles. Gegen neun Uhr stand ich in der Wechselzone und lauschte der Wettkampfbesprechung. Im Mai kann man selbstverständlich noch nicht mit besonders hohen Wassertemperaturen rechnen. Doch der Gremminer

See, in dem wir schwimmen sollten, war gerade mal 15,5 Grad warm. Daher wurde die Strecke auf 1,5 Kilometer verkürzt. Aber der Hinweis, dass wir uns deutlich bemerkbar machen sollten, wenn es zu kalt würde und dass sie am Vortag beim Triathlon über die olympische Distanz zwei Leute erfolgreich herausgefischt hatten, beruhigte mich nicht sehr. Vor allem auch der Witz, mit dem darüber geredet wurde, gefiel mir nicht. Ich zahle keine geringe Startgebühr für den Start, habe keine geringe Anfahrt und dann wird ein Witz darüber gerissen, dass ich eventuell beim Schwimmen den kalten Temperaturen nicht gewachsen bin. Daher nutzte ich auch die Möglichkeit, vor dem Start einmal ins Wasser zu gehen. Es war wirklich bitterkalt, doch der Neoprenanzug schützte gut. Als der Startschuss gefallen war und ich die erste Boje nach 300 Metern erreichte, war ich mir schon sicher, dass ich das Schwimmen überstehen würde. Nach knapp 36 Minuten verließ ich dann das Wasser und nach drei weiteren Minuten saß ich auf dem Rad. Da rollte es von Anfang an fantastisch. Ich blieb locker über einem 30er Schnitt, machte Plätze gut, war aber verwundert, dass ich nach der ersten von drei Runden keinen Verpflegungspunkt gesehen hatte. Nur nach dem Wendepunkt nach 30 Kilometern am Rande der Wechselzone wurden Wasserflaschen gereicht. Selbst schuld kann man sagen, wenn man die Ausschreibung nicht richtig liest. Aber noch einmal, wenn ich 180 € für einen Startplatz zahle, dann rechne ich damit, dass ich ein bisschen mehr Service habe. Nicht ein Riegel, ein Gel oder eine Banane und nur Wasser. Insofern musste ich meinen einzigen Riegel, den ich zur Notversorgung eingesteckt hatte, gut einteilen. Es gelang mir, aber nur bis zum Laufen. Das Radfahren beendete ich mit einem Schnitt von 31,8 Kilometern pro Stunde, so schnell war ich über diese Distanz noch nie gefahren. Beim Laufen war ich mir sicher, dass die Strecke nicht die angegebenen 21 Kilometer lang sein würde. Auch als ich hier 2019 an der olympischen Distanz teilgenommen hatte, war die Laufstrecke deutlich kürzer. Ich behielt Recht, denn meine Uhr zeigte am Ende knapp 19 Kilometer an. Das war aber auch ein Glück, denn die mangelhafte Verpflegung machte sich in der letzten von vier Laufrunden bemerkbar. Vorher war ich guter Dinge gewesen, am Ende noch ein bisschen Tempo aufnehmen zu können. Doch dann war ich froh, dass ich die letzte Runde mit nur einer kleinen Gehpause überstand. Durch das verkürzte Schwimmen war es eh nie eine Frage gewesen, dass ich meine Zielzeit von sechs Stunden unterbieten würde. So lief ich nach 5:36 Stunden ins Ziel und war erstaunt, dass ich beim Laufen trotzdem eine bessere Einzelplatzierung hatte als beim Radfahren. Insgesamt ließ sich zwei Monate vor Lensahn auf diesem Ergebnis auf jeden Fall aufbauen.

Radfahren – Fortsetzung

Die Radzeit beim Neuseenman veranlasste mich zu glauben, dass ich auch in Lensahn zumindest auf den ersten 180 Kilometern einen 30er Schnitt fahren könnte. Und wenn ich diesen auf der zweiten Hälfte einigermaßen hielt, wäre vielleicht eine Gesamtzeit von unter 13 Stunden drin. Warum nicht träumen und Träume wahr werden lassen? Wahrscheinlich, weil es ein Ultratriathlon ist und am Ende kam es auch anders. Ganz anders…

In meiner dritten Runde überholte mich Richard; Sieger hier beim Triple 2014, als ich das letzte Mal dabei gewesen war. Sieger war er auch 2015 und 2016 und ansonsten immer auf dem Treppchen. Ich wusste, dass die besten beim Triple einen 30er Schnitt und auch schneller fahren und blieb zwei Runden im gebotenen Abstand hinter ihm, bis ich ihn dann doch aus den Augen verlor. Nach sieben Runden und entsprechend 56 Kilometern hielt ich das erste Mal bei Anja, Henrik und Mats an, trank einen Schluck Cola, tauschte die Radflasche mit Iso und nahm zwei neue Riegel mit.

Ansonsten hatte ich bis hierhin ein Sandwichbrot mit Schinken, Salat und Käse gegessen sowie einen Oatsnack. Von diesem war ich wieder so voll, dass ich das Gefühl hatte, ich müsste ewig nichts mehr zu mir nehmen. Das Thema „Essen" sollte mich noch beschäftigen und vielleicht hätte ich einfach jede Stunde einen Oatsnack essen sollen statt zu experimentieren.

Aber noch ging es mir ja gut. Ich rollte über den Schützenplatz in Lensahn, dem Wettkampfzentrum, und bog von diesem in die Lübecker Straße ab. Auf den ersten 300 Metern standen rechts und links die Zelte der meisten Teilnehmer und ihrer Crews. Dann folgten 500 Meter aus Lensahn hinaus, auf denen nicht mehr viel los war. Wenige

Häuser, keine Anwohner. Bevor wir Lensahn über einen Kreisverkehr verließen, befand sich auf der rechten Seite eine Sanitär- und Heizungsfirma. Auf deren Gelände war eine Hüpfburg aufgebaut und bis in die Abendstunden war hier einiges los. Hinter dem Kreisverkehr ging es etwa 200 Meter bergan, dann 200 Meter flach weiter, bis links die Kirschenallee nach Manhagen abzweigt, wo wir 2011 gewohnt haben. Dann kamen wir nach Nienrade, wo mein Freund saß, und dahinter stieg die Straße wieder an. Der „Gipfel" war dann auf einer Brücke, die über Eisenbahnschienen führt und auf der es zwei Ablaufrinnen gab, wo es geboten war, den Hintern aus dem Sattel zu heben, um den kleinen Schlag abzufedern. Hinter der Brücke gab es eine schöne Welle. Erst bergab und mit dem Schwung kam ich fast (jedenfalls zu Beginn) den Berg nach Beschendorf hinauf. Auf den letzten Metern ging ich oft aus dem Sattel, um nicht herunter schalten zu müssen und um den Rücken einmal zu strecken. Die letzten 200 Meter zum Wendepunkt in Beschendorf rollten wir dann wieder runter, bis wir „Am Ehrenmal" eine Runde drehten und wieder zurückfuhren.

Zwischen meinen ersten beiden Pausen ging es mir verdammt gut. Ich träumte noch und ich sang vor mich hin: *„Und wenn der Alltag beginnt, dann geh'n wir nicht hin. Wir gehen da nicht hin. Wenn er dann vor der Tür steht und fragt, wo wir sind. Dann gehen wir nicht hin."*

Manchmal denke ich, dass alles schon geschrieben und gesprochen ist. Doch dann tauchen solche Sätze in der Musik oder in der Literatur auf. Anja und mir gefiel der Song *Heimweh nach mir* gleichermaßen, den wir von Clueso im Frühjahr hörten. Doch eigentlich stammen diese Zeilen von der Sängerin Lea. Nach vielen Jahren habe ich auch Grönemeyer mal wieder neu entdeckt und war vor knapp zwei Monaten zum ersten Mal auf einem Konzert von ihm. Er spielte zwar nicht meinen favorisierten Song, aber ich sang während dieser Kilometer, in denen es mir verdammt gut ging, aus seinem Song *Stück vom Himmel: „Hier ist was zählt, du bist überdacht von einer grandiosen Welt"*.

Nach Runde 14 hielt ich zum zweiten Mal bei meiner Crew. Ich hatte jetzt 112 Kilometer und eine Gesamtzeit von 7:20 Stunden hinter mir. Es war kurz vor halb acht. Anja blieb noch, obwohl ich schon damit gerechnet hatte, dass sie bald in unsere Ferienwohnung fahren würde. Nach fünf Minuten Standzeit setzte ich mich wieder in Bewegung. Kilometer 90 hatte ich übrigens in einer Zeit von 3:08 Stunden erreicht und war damit schneller als im letzten Jahr beim Ironman in Frankfurt.

Bei Kilometer 130 folgte trotzdem die erste kleine Krise. Ich hatte keine Lust mehr. Ich hatte alles gesehen und alles aufgenommen, was sich auch neben dem Rennen abspielte. Was sollte jetzt noch kommen außer dem ewigen Hin- und Herfahren? Es würde nur dunkler, kälter und anstrengender werden.

Nach Runde 20 hielt ich das dritte Mal. Es war jetzt kurz nach 21 Uhr und die Lichter am Fahrrad mussten angebracht werden. Manchmal sind es Kleinigkeiten, um die man sich nicht richtig kümmert und die einen aus dem Rhythmus bringen können. Am Morgen war mir die Gummihalterung des Rücklichts gerissen. Erst im Schwimmbad kurz vor dem Start hatte ich mit Tesafilm, das Henrik von der Kassiererin organisiert hatte, das Rücklicht befestigen können. Die Halterung des Vorderlichts dagegen passte aufgrund der Dicke des Lenkerrohrs nirgendwo ran. Ich hatte zu Hause dreimal eine Lösung gesucht und nie eine gefunden. Am Ende klemmte ich das Licht an die Halterung fürs Handy, was eine wacklige Angelegenheit war. So leuchtete meine Lampe mal nach rechts, aber fuhr ich über einen Hubbel verstellte sich die

Lampe und zeigte nach links und so weiter. Nur die Straße vor mir leuchtete sie nicht aus. Amateurhaft kann man sagen. Es nervte mich zwar nicht richtig doll, aber die Halterung immer wieder so zu verdrehen, dass das Licht nach vorne zeigte, ließ ein Fahren ohne über etwas nachzudenken und die Nacht zu genießen nicht zu. Dabei ging es mir ansonsten wieder besser und ich freute mich, dass ich die ersten 180 Kilometer in 6:30 Stunden geschafft hatte. Jetzt hatte ich eine kleine Essenspause verdient. Noch zwei Runden, dann sollte es Ravioli geben. Bis dahin allerdings schaltete sich die Vorderlampe noch auf Reserve und mir fiel ein, dass ich die Ersatzbatterien in der Ferienwohnung hatte liegen lassen. Allerdings hatte Anja mir vor der Abfahrt in Berlin im letzten Moment noch ein paar Ersatzlampen mitgegeben. Hoffentlich halten und funktionieren die, dachte ich.

Sie hielten bis zu meiner Essenspause und während ich meine Ravioli verspeiste, trieben Anja und Henrik auch Batterien auf. Wir konnten wieder mein Vorderlicht nehmen und endlich auch vernünftig anbringen. Es war ja noch hinzugekommen, dass in Lensahn die Straßenlaternen nicht angeschaltet worden waren. Warum auch immer. Während unterwegs in Nienrade und in Beschendorf Laternen leuchteten, dauerte es in Lensahn bis 23 Uhr, bis die Straßenlampen aufleuchteten.

Nach meiner Pause hatte sich Mats ins Zelt zurückgezogen. Natürlich hatte er gesagt, er wolle die Nacht wach bleiben, Cola trinken und nichts verpassen. Aber Henrik war froh, glaube ich, dass sein 12-jährigher Sohn dann doch Ruhe zum Schlafen fand. Auch Anja verabschiedete sich. Sie hatte mit Sam viel länger durchgehalten, als ich gedacht hatte. „Wir sehen uns dann morgen, während ich schon fröhlich beim Laufen bin", sagte ich ihr zum Abschied.

Doch als ich weiterfuhr, merkte ich, wie weit ich noch vom Laufen entfernt war. Nicht nur 150 Kilometer auf dem Rad lagen noch vor mir, auch die ganze Nacht lag noch vor mir. Neben allen Problemen, die ich mit der Beleuchtung hatte, hatte ich auch einfach das Radfahren im Dunkeln sehr unterschätzt. In den Jahren meiner anderen drei Starts hier, arbeitete ich noch beim Paketdienst meistens morgens ab vier Uhr. Ich fuhr fast das ganze Jahr hindurch mit dem Rad die knapp zehn Kilometer zu meiner Arbeitsstelle und war das Fahren im Dunkeln gewöhnt. Jetzt mache ich es gar nicht mehr. Nur vor zwei Wochen, als ich mit Henrik auf einem Konzert von Bruce Springsteen in Hamburg war, fuhr ich danach nachts um zwei Uhr von Pankow 23 Kilometer durch die Stadt und im Dunkeln zu mir nach Altglienicke. Schon da merkte ich, wie erschwert die Sicht manchmal ist, obwohl es ja Straßenbeleuchtung gab. Im Anschluss war ich dann noch acht Kilometer gelaufen und um halb fünf todmüde ins Bett gefallen. Ich weiß im Nachhinein immer nicht, ob solch ein Training etwas bringt. Hat es mich besser gemacht oder irgendwelche Schmerzen im Wettkampf gelindert? Ich denke nein. Trotzdem sind diese Einheiten so wichtig, weil sie außergewöhnlich sind und der Wettkampf eben auch außergewöhnlich ist.

Erinnerung: Spreewald-Marathon

Außergewöhnlich oder mindestens besonders war auch mein Start beim Spreewald-Marathon Ende April, wo ich mit Rupert hinfuhr. Samstags stand der Radmarathon über 200 Kilometer auf unserem Plan, den Rupert allerdings in seinem (schnelleren) Tempo fahren wollte und sollte und sonntags stand für mich noch der Marathon-Lauf auf dem Programm.

Donnerstags reisten wir an und fuhren am Nachmittag 70 Kilometer mit dem Rad zusammen, meine zweitlängste Tour bis dahin in diesem Jahr. Zweimal hatten mich vorher kaltes Wetter und falsche Kleidung davon abgehalten, länger zu fahren. Aber ich dachte einfach an Radtouren, die man früher als Urlaubsreisen unternommen hat. Da bin ich ohne Vorbereitung doch auch täglich 100 Kilometer gefahren. Irgendwie würde ich die 200 Kilometer schon schaffen, im Zweifel musste ich eben das Tempo drosseln. Wenn ich dann auf der zweiten Hälfte Schmerzen haben würde, sollte mich das für Lensahn nur stärken.

Freitags lief ich eine Dreiviertelstunde und anschließend waren wir noch im Schwimmbad. Wenigstens ein paar Bahnen ziehen, damit das Gefühl eines Triathlons entsteht, wenn danach eine lange Rad- und eine lange Laufeinheit folgt, dachte ich.

Am Samstag war der Start um 7:45 Uhr in Lübbenau. Wir rollten zehn Kilometer über schlecht befestigte Straßen dorthin, trafen einen Radsportkollegen von Rupert und schon ging es los. Von Anfang an fuhr ich im 30er Schnitt in einer Gruppe mit. Ich versuchte, mich wenig anzustrengen und hatte mir vorgenommen, immer im Windschatten eines anderen zu bleiben. Beim Rennen hier 2019 und beim Radrennen in Frankfurt 2018 hatte ich gemerkt, dass ich dazu neige, alleine zu fahren und Abstand zu halten statt Nähe zu suchen. 30 Jahre Einzelzeitfahren beim Triathlon und im Training fast immer alleine unterwegs, das hat Spuren hinterlassen.

Zu Beginn war ich langsamer als beim letzten Mal, war etwas unruhig deswegen, hoffte aber, dass mein Plan funktionieren würde und ich nicht wie 2019 die zweite Hälfte alleine fahren musste. Am ersten Verpflegungspunkt fuhr ich vorbei und war überrascht, dass sich tatsächlich alle aus meiner Gruppe hier bei Kilometer 30 schon verpflegten. Also musste ich mir eine neue Gruppe und neuen Windschatten suchen, was zu diesem Zeitpunkt des Rennens aber noch kein Problem war.

Beim Verpflegungspunkt bei Kilometer 90 füllte ich meine Radflaschen auf, aß ein Brot und nahm eine Banane mit. Anschließend heftete ich mich an zwei Fahrer an, die ordentlich Tempo machten. Aber im Windschatten konnte ich ihren 34er Schnitt mitgehen. Als sich ein vierter Fahrer uns anschloss, animierte einer zu kreiseln. Okay, dachte ich, es ist ja auch ein Radrennen. Aber nachdem ich meine zweite Minute Führungsarbeit geleistet hatte und einen 36er Schnitt mit einem Puls von 170 gefahren war, ließ ich mich zurückfallen. Jungs, ich will morgen noch Marathon laufen, dachte ich.

Vor dieser Aktion war ich das erste Mal ein paar Kilometer alleine gefahren. Nach einer Pinkelpause hatte ich eine Weile gebraucht, bis ich wieder eine Gruppe gefunden hatte, deren Tempo ich gut mitgehen konnte. Allerdings wurden wir auch von einem Bus überholt, der sich dann aufgrund des Gegenverkehrs mitten in die Gruppe setzte und sie spaltete. Vom nächsten Verpflegungspunkt fuhr ich wieder alleine los und blieb längere Zeit alleine. Wenn ich einzelne Fahrer einholte, waren sie mir zu langsam. Wenn mich welche überholten, waren sie zu schnell. Es war die Situation entstanden, die ich eigentlich hatte vermeiden wollen. Es war auch der einsamste Streckenabschnitt, denn keine der kürzeren Radstrecken, die beim Spreewald-Marathon noch angeboten werden, führte hier entlang. Zusätzlich gab es Gegenwind. Mein Schnitt sank unter 30. Doch ich haushaltete gut mit meinen Kräften und nach einem Richtungswechsel zurück in Richtung Lübbenau fuhr ich zum letzten Verpflegungspunkt, der bei Kilometer 170 war, wieder einigermaßen locker.

Dort füllte ich noch einmal meine Flaschen auf und aß eine Plinse; einen gerollten Eierkuchen, der hervorragend schmeckte. Sollte ich hier noch einmal mitfahren, nehme ich mir mehr Zeit für die Verpflegungspunkte. Aber jetzt wollte ich weiter, denn Rupert war bestimmt schon im Ziel. Glücklicherweise fand ich eine achtköpfige Gruppe, mit der zusammen ich fast die kompletten letzten 30 Kilometer fuhr. Ich lag weiter knapp unter einem 30er Schnitt, wollte am Ende aber auch wegen des Marathons am nächsten Tag nicht mehr zu viel investieren. Nach 203 Kilometern und einer Fahrtzeit von 6:46 Stunden, was einem Schnitt von 29,9 entspricht, fuhr ich in Lübbenau ins Ziel.

Auf den zehn Kilometern zurück zu unserer Unterkunft war ich extrem kaputt und hatte starke Zweifel, wie gut ich den Marathon laufen könnte. Rupert rechnete damit, dass ich fünf Stunden brauchen würde. Ich hoffte, im Bereich von 4:30 Stunden zu bleiben. Zu Hause duschten wir und gingen essen. Nach zwei Stunden auf der Couch ging ich ins Bett, denn um sieben Uhr mussten wir schon wieder aufstehen.

So stand ich am Sonntag pünktlich um neun Uhr an der Startlinie in Burg. Als ich loslief, hatte ich kein Gefühl für mein Tempo. Einerseits war ich kaputt und müde. Andererseits fühlte ich mich besser, als ich es am Vortag auf der Heimfahrt von der Radtour gedacht hatte. Die Zeit des ersten Kilometers zeigt mir wahrscheinlich, wie der Marathon werden wird, dachte ich. Dort las ich dann 6:01 Minuten. Besser als erwartet und auch vermutlich schneller als mir guttat. Der zweite Kilometer war sogar vier Sekunden schneller und ich beschloss, das Tempo anzunehmen und zu schauen, wie lange ich es durchhalten würde. Dass ich schneller als sechs Wochen zuvor laufen würde, hatte ich niemals erwartet. Doch es kam so. Ich lief konstant jeden Kilometer in sechs Minuten. Die Halbmarathonzeit lag bei 2:06:30 Stunden und auf der zweiten Hälfte holte ich Läufer für Läufer ein. Im Grunde möchte ich sagen, war es mein größtes Comeback nach meiner Depression, dem Burnout, der Midlife-Crisis und Corona und wie man auch immer die gesamte beschissene Zeit seit Ende 2019 bezeichnen möchte. Natürlich habe ich letztes Jahr schon den Ironman in Frankfurt ins Ziel gebracht. Aber jetzt hier im Spreewald war ich nach einer 200-Kilometer-Radtour, auf der ich nicht gebummelt hatte, einen Marathon schon wieder so gelaufen wie auch früher. Rupert war so überrascht, dass ich bei Kilometer 40 nach vier Stunden vorbeikam, dass er mich fast übersah. Dann musste ich in Burg noch einmal die Straße hoch und runter laufen, um auf 42,2 Kilometer zu kommen und kam schließlich nach 4:13 Stunden ins Ziel. Noch war es vielleicht etwas zu früh, aber ich dachte trotzdem schon, Lensahn kann kommen.

Radfahren – Die Nacht

Das Konzert von Bruce Springsteen und der E Street Band war übrigens überragend, wie auch vier Wochen zuvor, als wir sie in Zürich sahen. Mit manchen Songs trieb er mir Tränen in die Augen, wie schon immer, aber auch, weil ich an diesen Wettkampf in Lensahn dachte und an die Bedeutung, das alles noch einmal und auch mit Anja zu erleben. Aber nach Mitternacht, gewissermaßen am zweiten Wettkampftag, trieb mir dieses Rennen Tränen in die Augen. Ich hatte mich entschieden, nach jeweils fünf Runden wieder bei Henrik kurz zu verweilen. Doch die Runden zogen sich und als ich nach 240 Kilometern um 0:30 Uhr bei ihm stand, schienen mir 120 Kilometer, die ich noch zu fahren hatte, eine ewig lange Strecke zu sein.

Als ich wieder losfuhr, fiel mir aber ein, dass ich nach meiner nächsten Pause das Ende erreichen würde. Außerdem motivierte mich die Aussicht, bald die Marke von 300 Kilometern zu überschreiten. Eine Strecke, die ich nun auch erst zum fünften Mal gefahren war. Mich frustrierte nur, dass nichts von der Anfangseuphorie übrig war oder zurückkehrte. Die Dinge, die ich gerade aufgezählt habe, machten mich stolz und ich freute mich. Aber ich war zu kaputt, um dieses Gefühl länger zu beherbergen. Immer mehr fiel mir auch auf, dass mein Tempo gesunken war. Es war jetzt schon kaum noch möglich, um fünf Uhr mit dem Radfahren fertig zu sein.

In den letzten beiden Pausen bei Kilometer 280 und bei Kilometer 320 wusste ich genau, was ich noch haben wollte. Einmal ein Snickers und ein Red Bull und einmal eine Banane und Cola. Für unterwegs hatte ich noch einen Riegel „Bananenbrot" und meine letzten beiden Sandwiches dabei. Henrik hatte gesagt, er wolle sich auch etwas hinlegen und wäre zu meiner letzten Pause wieder wach. Um drei Uhr und nach 15 Stunden Wettkampfzeit passierte ich Kilometer 300 und gönnte mir die Sandwiches. Als zweieinhalb Runden später Henrik noch nicht wieder wach war, fuhr ich weiter, denn mir war flau im Magen und ich wusste jetzt nicht mehr, was ich noch zu mir nehmen sollte. Auch nach der 41. Runde war von Henrik nichts zu sehen. Ich fuhr also wieder weiter und nahm einen Schluck Iso aus meiner Radflasche. Mir wurde schlecht. An Essen war gar nicht zu denken. Ich blieb noch einmal zum Pinkeln stehen und beendete die drittletzte Runde. Keine Euphorie. Nichts. Ich erinnerte mich, dass das auch bei den anderen Starts hier so war. Es flackert nur wenige Millisekunden Stolz auf, das Radfahren bald bewältigt zu haben. Und es ist noch nicht mal die Aussicht, wie weit du jetzt laufen willst, die dich runterzieht, es ist einfach nur diese absolute Erschöpfung.

Nach der 43. Runde war Henrik wieder wach. Noch etwas verschlafen verstand er nicht gleich, dass ich tatsächlich nur noch zwei Runden zu fahren hatte. Aber dann hatten wir uns verständigt, dass er meine Laufsachen und etwas zu trinken zum Wechsel mitbringen und Mats einfach weiterschlafen sollte.

Vorletzte Runde: Es war bereits das Morgengrauen zu spüren. Mir graute es wirklich. Nicht einmal auf den vergangenen 340 Kilometern hatte ich vom großen Kranz heruntergeschaltet. Jetzt war es so weit. Hinter Lensahn kroch ich den Berg noch mit zwölf Kilometern pro Stunde hinauf. Niemand war langsamer unterwegs. Auf der Eisenbahnbrücke sagte ich mir, dass ich nun nur noch einmal über die Ablaufrinne poltern musste. Ich konnte mich nicht mehr freuen. In Beschendorf standen die letzten Feiernden noch am Bierstand. Im Laufe der Nacht war es mitunter absurd gewesen, wie sehr hier gefeiert wurde. Ballermann-Hits plärrten in unglaublicher Lautstärke aus Boxen und das halbe

Dorf grölte mit. Währenddessen befanden sich etwa 50 Leute in einem Extremwettkampf. Nun also torkelten die Letzten nach Hause, während wir weitermachten oder weitermachen mussten.

Auf dem Rückweg versuchte ich wiederholt aufzustoßen. Aber irgendwas verstopfte Nase, Hals, Bauch... Mir wurde zusehends übler. Zum letzten Mal fuhr ich an unserem Platz vorbei. Henrik jubelte kurz, ich winkte. Auf dem letzten Weg nach Beschendorf wusste ich, in diesem Zustand konnte ich unmöglich laufen. Der Gedanke, dass ich mich übergeben musste, reifte. Auch wenn ich Angst davor hatte, alles loszuwerden, was ich zur Stärkung zu mir genommen hatte. Woher sollte ich dann die Kraft nehmen, 84,4 Kilometer zu laufen? Bei der letzten Wende entschied ich mich endgültig. An der Kirschenallee Richtung Manhagen und damit einen Kilometer vor dem Ende des Radfahrens stellte ich mein Fahrrad an einem Straßenschild ab. Ich ging ein paar Meter zur Seite auf ein Feld und steckte mir den Finger in den Hals. Flüssigkeit kam. Dann noch einmal und noch einmal. Feste Nahrung wollte nicht hinaus und ich spürte, dass das auch nicht passieren würde. Aber endlich war der Druck auf der Brust weg, wenn ich mich ansonsten auch nicht besser fühlte.

Ich hätte nicht gedacht, dass ich so nahe an diesen Abgrund heranrücken würde; an diesen Abgrund, der bedeutete zu scheitern, das Rennen aufzugeben und nicht ins Ziel zu kommen. Ein halbes Jahr Training, nicht umsonst, natürlich, denn manchmal ist ja der Weg irgendwohin schöner. Doch ein Weg muss auch zu einem Ende führen. Das war kein Ende. Das war der Weg, der auf den Abgrund zugeführt hatte und den ich jetzt drohte hinabzustürzen.

Was aber genau wäre die Enttäuschung, wenn ich aufgebe? Ich hatte viele schöne Trainingsstunden und einige schöne Vorbereitungswettkämpfe. Aber es gab eben auch viele Tage, in denen ich mich aufraffen musste und es gab Momente der Entbehrungen. Belohne dich für dein Training, hatte Anjas Tochter mir mit auf den Weg gegeben. So gerne. Aber die Belohnung verschwand gerade am Horizont. Mit der aufgehenden Sonne ging sie unter.

Ich rollte den letzten Kilometer nach Lensahn hinein. Es war 5:45 Uhr, als ich das Radfahren mit einer Zeit von 14:22 Stunden beendete. Dabei betrug die reine Fahrtzeit eine Stunde weniger. Außer Henrik bekam es niemand mit. Als ich mich im Wechselzeit auf einen Stuhl fallen ließ, erzählte ich ihm, was gerade geschehen war.

Laufen

Der Zustand, in dem ich mich beim Wechsel befand, war irgendetwas zwischen hoffnungslos und verzweifelt. Aber hatte ich eine Wahl? Sicherlich, ich konnte aufhören und die Welt würde sich weiterdrehen. Weder Anja noch Henrik wären enttäuscht. Auch Mats nicht, denke ich. Niemand von ihnen hätte versucht, mich über Gebühr zu motivieren, damit ich weitermachte. Zu entfernt sind für sie – auch wenn sie mich gut kennen – diese Distanzen und Leistungen, die alle hier bewältigen wollen. Auch meine Eltern hätten mich vermutlich nicht zum Weitermachen animiert, wären sie hier gewesen. Einzig mein Bruder Rupert, glaube ich, hätte sich nicht damit abgefunden, dass ich das Handtuch schmiss. Vielleicht, weil er selbst genug Erfahrung hat, wenn auch nicht auf den ganz extremen Distanzen. Dafür hat er mehr Ehrgeiz als ich.

Die Wahl, die ich traf, war, eine Runde zu laufen. Würde das funktionieren, ging es weiter. Würde es nicht funktionieren, wollte ich mir eine Stunde Zeit geben, mich in einen Liegestuhl legen und schauen, wie ich mich danach fühlte.

Ich startete um 6:11 Uhr nach gut 18 Stunden Wettkampfzeit mit dem Laufen über die doppelte Marathondistanz und zwar im Regen. Ich lief die erste von 66 Runden à 1,3 Kilometer in 9:49 Minuten. Es ging also erst einmal besser als gedacht, aber in keiner weiteren Runde würde ich diese Zeit noch einmal unterbieten. Das ahnte ich auch schon zur Hälfte von Runde 2. Mir wurde schwindelig.

Ich hatte mich nicht mit dem Scheitern beschäftigt. Im Nachhinein empfand ich die Ausfallquote auch als relativ hoch. In meinem Wettkampf, im Double, musste nach Jürgen noch Morten aufgeben. Neun von elf erreichten das Ziel. Beim Triple erreichten von 38 Startern und Starterinnen 30 das Ziel.

Somit erreichten insgesamt also vier von fünf das Ziel. Man sagt ja, je länger die Distanzen, umso geringer ist die Zahl derer, die aussteigen, weil die Leute wissen, was sie tun und in der Regel gut vorbereitet sind. Aber ein Ultratriathlon geht wahrscheinlich darüber hinaus. Hier weiß man irgendwann einfach nicht mehr, was man tut.

Ich beschloss, fortan nur noch zu gehen und zwar so lange, bis ich wieder das Gefühl haben würde, laufen zu können. Notfalls also bis ins Ziel.

Beim Deutschlandlauf hatte ich gemerkt und gelernt, dass man einigermaßen problemlos einen Kilometer in zehn Minuten gehen kann. Das entspricht dann 420 Minuten beziehungsweise sieben Stunden für einen Marathon. In 14 Stunden könnte ich es also auch gehend schaffen. Viel langsamer als nach meinem Plan, die 84,4 Kilometer in 13 Stunden zu laufen, war das also gar nicht. Außerdem hatte ich mich laufend schon oft so lange gequält, bis auch vernünftiges Gehen nicht mehr möglich war. Dann also ab jetzt lieber vernünftig gehen.

Ich weiß gar nicht, wie ich die Runde beschreiben soll. Langweilig, monoton, ätzend oder unspektakulär? Eigentlich stimmt das alles nicht. Denn wenn man das Laufen liebt, ist es meistens ganz egal, wo man läuft. Wenn man diese Runde beispielsweise zehnmal im ausgeruhten Zustand läuft, ist sie völlig in Ordnung. Vom Schützenplatz führt sie in die Lübecker Straße in entgegengesetzter Richtung unserer Fahrradstrecke. Nach 400 Metern geht es links ab und einen kleinen Anstieg hinauf, der von 90 Prozent aller Teilnehmer gehend genommen wurde. In der folgenden Meiereistraße gibt es immer ein paar Anwohner, die mal klatschen oder ein aufmunterndes Wort für uns übrighaben. Vor dem nächsten Abzweig nach links in die Jahnstraße gab es eine Familie, die Freunde zu Kaffee und Kuchen und zum Abendbrot eingeladen hatte. Wenn sie in Gespräche vertieft waren, nahmen sie manchmal keine Notiz von uns. Aber dann jubelten sie auch immer mal wieder und am allergrößten war natürlich der Beifall, als ich irgendwann mit der Fahne aus der anderen Richtung kam. Einmal, vielleicht nach zwei Dritteln des Laufens, hielt ein Mann seine Hand über den Zaun, um mich abzuklatschen, wie ich dachte. Doch als ich ihm meine Hand entgegenstreckte, drückte er fest zu, sah mir in die Augen und nickte. Selten spürt man so viel Anerkennung und Respekt.

Ein paar Häuser weiter hatten die Bewohner vor ihrem Grundstück eine Wanne auf einen Tisch gestellt, in der nicht nur kaltes Wasser war, in welches wir unsere Schwämme eintauchen konnten, sondern auch einige kleine Flaschen Wasser zum Trinken. In den 14 Stunden, die ich gelaufen bin, habe ich aber nie einen Bewohner dieses Hauses gesehen.

Die 200 Meter durch die folgendeJahnstraße waren für mich wieder der schlimmste Abschnitt. Hier hatte man keine Chance der Sonne zu entkommen, die vor allem am Nachmittag vom Himmel brannte. Nur die Aussicht, gleich das Sportgelände zu erreichen, linderte den Schmerz etwas.

Zwischen Sportplatz und Umkleidekabinen liefen wir etwa 200 Meter in Richtung des Schwimmbadeingangs. Hier hatten die meisten Teilnehmer und ihre Crews ihre Lager aufgeschlagen. Schließlich folgte die letzte Ecke, an der wir nach links in die Doktor-Julius-Stinde-Straße abbogen und hinunter zum Schützenplatz liefen. Kurz bevor wir auf den Platz abbogen, hatte sich Henrik platziert. Als ich zum vierten Mal bei ihm vorbeilief, telefonierte er gerade mit seiner Frau via Facetime. Ich winkte ins Telefon und rief, dass ich schon fünf Kilometer hinter mir hätte. Ich war wieder einigermaßen fröhlich.

Erinnerung: Brüder-Grimm-Lauf

Das wichtigste Ereignis in diesem Jahr und auf dem Weg in Richtung Lensahn war vielleicht meine Teilnahme am Brüder-Grimm-Lauf Anfang Juni. Dorthin kehrte ich nach 28 Jahren zurück. Der Brüder-Grimm-Lauf führt über 80 Kilometer und über fünf Etappen von Freitag bis Sonntag von Hanau nach Steinau in Hessen. Somit verbindet er die Geburtsstadt der Brüder mit der Stadt, in der sie ihre Kindheit verbrachten. Auf der Fahrt zum Start in Hanau am Freitagnachmittag schrieb ich zum ersten Mal über Erinnerung und ihre Bedeutung für mich:

Ich war 16, als ich 1991 zum ersten Mal in Hanau startete. Damals war ich der erste Jugendliche, der sich zum gesamten Lauf angemeldet hatte, erhielt sogar die Startnummer „1" und wurde am Ende auch besonders geehrt. 1992 war ich wieder der einzige Jugendliche und lief gemeinsam mit Rupert. Ein Jahr später war ich zum ersten Mal einen Marathon unter 3:30 Stunden gelaufen, trainierte für meinen ersten Ultralauf, mutete mir zu viel zu und brach auf der letzten Etappe ein. 1994 wiederum verbesserte ich mich noch einmal und fühlte mich danach mehr oder weniger für meinen ersten Ironman bereit. 1995 hatte ich dann seit einem halben Jahr eine Freundin und konnte mittlerweile besser feiern als laufen. Trotzdem kam ich als 20-jähriger mit einer Zeit ins Ziel, mit der ich dieses Mal sehr zufrieden gewesen wäre.

Doch sind das Erinnerungen? Ich schaute neulich mit Anja eine Sendung, in der junge Leute (sie waren Anfang bis Mitte 20) über eine Zeit extremer Erfahrungen berichteten und meinten, dass sie sich immer an diese Zeit erinnern werden. Doch fragt man sie in 30 Jahren, an was werden sie sich tatsächlich erinnern?

Meine fünf aufeinanderfolgenden Teilnahmen sprechen dafür, dass mir dieser Lauf sehr wichtig war und ich immer wieder dabei sein wollte. Doch heute nach 30 Jahren erinnere ich mich an den Start zur ersten Etappe in Hanau, erinnere mich an einen Abschnitt entlang der Autobahn und an den Zieleinlauf in Rodenbach, denn er führte am Forsthaus vorbei, in dem Bekannte meiner Eltern wohnten und ich damals übernachtete. An die zweite Etappe von Rodenbach nach Neuenhaßlau erinnere ich mich gar nicht. Weder an den Start, noch an die Strecke oder an den Zieleinlauf. Von der dritten Etappe weiß ich noch den Weg ins Ziel, denn er führte ins Stadion von Gelnhausen. Von der vierten Etappe erinnere ich mich an den steilen Weg im Wald ins Ziel nach Wächtersbach und von der fünften Etappe an den steilen Weg hinaus aus Bad Orb und an die Straße entlang des Stausees, an welchem man auch mit dem ICE vorbeifährt. Hier fuhr ich übrigens mit meinen neuen Kollegen im Oktober nach Frankfurt zur Buchmesse und beschloss, den Brüder-Grimm-Lauf noch einmal laufen zu wollen.

Wenige Erinnerungen sind also geblieben. Ein paar gibt es noch an Abschnitte, die ich möglicherweise wiedererkenne, wenn ich dort entlanglaufe, dachte ich. Andererseits ist aber auch das Gefühl die bessere Erinnerung. Vieles in dieser Zeit von 1991 bis 1995 war nicht schön. Ich blieb sitzen, hatte keine Ahnung, wohin mein Weg mich führen sollte, doch fand das Glück auch in diesen Jahren beim Laufen. Das ist die Erinnerung, die zählt.

Am Sonntagabend, als ich nach dem Lauf heimfuhr, stellte ich fest, dass sich irgendwie alles verändert hat und irgendwie auch nichts. Die Straße, auf der der Zieleinlauf des Brüder-Grimm-Laufs ist, heißt selbstverständlich Brüder-Grimm-Straße. Früher, so glaube ich, bog man am Ortseingang von Steinau rechts ab und lief die Straße hoch. Dieses Mal kamen wir über einen Wirtschaftsweg nach Steinau, überquerten die Hauptstraße und liefen geradeaus in die Brüder-Grimm-Straße hinein. Da war ich dann wieder nach 28 Jahren. Ich war stolz, ich war sentimental, ich war allein, ich war mittendrin, ich war dabei.

Unterwegs auf den fünf Etappen hatte ich weniger wieder erkannt als gedacht. Ich erinnerte mich an weniges mehr, als ich zuvor vermutet hatte und ich hatte auch keine Deja-vue-Erlebnisse. In 30 Jahren ändert sich doch mehr als ich dachte und Erinnerungen bleiben Erinnerungen. Nur ich, ich habe mich zumindest in einer Richtung nicht verändert, ich laufe immer noch.

Laufen – Bis ins Ziel

Das zweite Versorgungszelt hinter dem Schützenplatz gehörte zum am Ende Zweitplatzierten Bernhard. Er ist Österreicher, aber jetzt in Lübeck beheimatet und Plakate des Triathlonvereins von Lübeck schmückten das Zelt. Seine Crew versuchte Runde um Runde, mich zum Laufen zu überreden. Lange hatte ich überlegt und gezögert, schließlich probierte ich es in der elften Runde und ihre Begeisterung war groß. Ich lief immer die etwa 400 Meter die Lübecker Straße entlang, den Rest der Runde ging ich weiterhin. Aber so war ich jetzt pro Runde etwa 30 Sekunden schneller. Bald lief ich dann auch die letzten 100 Meter „bergab" zu meiner Crew. Die gewonnene Zeit investierte ich in Trinken und Essen, was langsam wieder funktionierte. Ich aß Melone, Banane, Rosinenbrot und immer mal wieder ein Wassereis. Ich hatte mich erholt. Mein jetziges Ziel, eine Runde in höchstens 13 Minuten zu laufen, hielt ich ein und steuerte so auf den ersten Halbmarathon in etwa 3:20 Stunden zu.

Wenn ich mich noch ein bisschen weiter erhole, dachte ich, könnte ich vielleicht sogar meine angestrebte Laufzeit von 13 Stunden schaffen. In der 14. Runde wechselte ich die Socken. Ich hatte das Gefühl, einen Stein im Schuh zu haben und dass die Socken zu dick waren. Später wusste ich, dass es die ersten Anzeichen meiner Fußprobleme waren, die ich auch schon 2014 hatte. Die Haut unterhalb der Zehen scheuert so weit ab, dass ich irgendwann das Gefühl habe, ich hätte ein Loch in der Fußsohle.

Dann entschied ich, noch einmal eine Portion Ravioli zu essen. Ich konnte mich ja nicht bis zum Ende nur noch von Banane, Melone und Wassereis ernähren. An einem normalen Tag, an dem ich nicht gerade an einem Double-Ultra-Triathlon teilnahm, hätte ich, da es jetzt auf zwölf Uhr mittags zuging, schon wesentlich mehr gegessen. Und irgendwoher musste ich auch noch ein bisschen Kraft herkriegen. Beim Gedanken an Riegel, Gel oder Iso wurde mir allerdings immer noch schlecht.

Erst einmal kehrten Anja und Mats an die Strecke zurück. Wie optimistisch war ich gewesen, als ich mich von Anja vergangene Nacht verabschiedet hatte? Und was war dann in den vergangenen zehn Stunden alles passiert? Natürlich hatte ich oft daran gedacht, wann Anja wieder kommen würde, mich sehr darauf gefreut und auch ein bisschen gehofft, dass damit das Ende des Wettkampfes eingeläutet würde. Jetzt hatte ich noch acht Runden vor mir, bis ich den ersten Marathon gelaufen war. Ich war wieder zuversichtlicher und teilte allen meinen Wunsch nach Ravioli mit, wenn ich die Hälfte hinter mir haben würde. Doch erst kam noch ein kurzes aber heftiges Unwetter dazwischen. Es zog sich zu, dann regnete es ein paar Minuten. Als ich bei Anja und Henrik vorbeilief, verneinten sie noch, als ich sagte, sie sollen sich ins Auto setzen. Doch kurz danach, während ich über den Schützenplatz lief, schüttete es, was das Zeug hielt. Im Nu klebte mir das Laufhemd am Körper. Alle suchten irgendwo Schutz und stellten sich unter. Zwar mag ich es im Regen zu laufen, doch ich hätte mich auch gerne irgendwo untergestellt. Nur, ich fand keine freie Stelle mehr. So lief ich als einziger durch die Lübecker Straße und nach dem Abzweig in die Meiereistraße war das Unwetter auch schon vorbei und ich konnte wieder in meinem Gehschritt verfallen.

Kurz bevor ich meinen ersten Marathon gelaufen war, kamen die ersten beiden ins Ziel. Michael und Bernhard, beide Österreicher. Michael hatte vom Schwimmen an vorne gelegen und die Führung nie aus der Hand gegeben. Bernhard war der schnellste Läufer und lief den zweiten Platz sicher nach Hause. Es ist ein eigentümliches Gefühl, wenn die ersten ins Ziel kommen. Selten, finde ich, gönnt man jemanden so sehr etwas, weil man nicht nur genau weiß, was sie durchgemacht und geleistet haben, sondern weil man selbst ja noch darin steckt.

Um kurz nach 13 Uhr war es dann soweit: Ich hatte den ersten Marathon in 6:49 Stunden bewältigt. Mats begleitete mich auf dieser Runde. Danach bat ich ihn um die Ravioli und Anja noch einmal um ein paar neue Strümpfe. Leider war ich eine Stunde langsamer als bei meinem ersten Double-Ultra-Triathlon vor zehn Jahren, aber immerhin etwas schneller als bei meinen anderen Teilnahmen hier über die dreifache Ironman-Distanz. Insgesamt war ich nun seit 25 Stunden unterwegs. Meinen Plan, das Ziel um 18 Uhr und nach 30 Stunden zu erreichen, würde ich nicht erfüllen. Aber bis 20 Uhr und innerhalb von 32 Stunden konnte ich es schaffen. Das wäre okay und noch einigermaßen deutlich unter dem Zeitlimit von 34 Stunden. Insgeheim hatte ich zwar gehofft, die Zeit von meinem ersten Double von 29:41 Stunden zu unterbieten. Aber nach der vergangenen Nacht und der Zeit kurz vor dem Wechsel konnte ich jetzt froh sein, überhaupt so weit zu sein.

Ich ließ mir die Ravioli schmecken und ging dann vorsichtig optimistisch auf die letzten 32 Runden. Leider wurden die Fußschmerzen schlimmer. Gerade die Pausen, in denen ich saß oder kurz stand, taten meinen Füßen nicht gut. Immer wieder musste ich mich danach gewissermaßen einrollen. Wieder mal verfluchte ich mich und meine Inkonsequenz. Im Verhältnis zu anderen und in Anbetracht der Distanzen, die ich mir manchmal vornehme, trainiere ich wahrscheinlich nicht besonders viel. Was ich dann noch zusätzlich vernachlässige, sind Dehnübungen sowie Athletiktraining. Wenn es auch in den letzten Jahren ein bisschen besser geworden ist. Hinzu kümmere ich mich auch ansonsten nicht sehr um meinen Körper, obwohl er ja mein Kapital ist, um hier dabei zu sein. Massagen oder sich mit Ölen einreiben, vergiss es. Die Füße regelmäßig von Hornhaut befreien, vergiss es. Vielleicht kommen daher manche Schmerzen, die nicht sein müssten. Vielleicht bin ich aber auch und damit mein Körper weniger für diese Distanzen gemacht als andere. Ich habe nur den Vorteil, dass ich mich durchquälen kann. Meistens jedenfalls.

Ich wurde langsamer und blieb bis zum Abschluss des dritten Halbmarathons noch zweimal bei meiner Crew sitzen, um mir die Füße mit Vaseline einzureiben. Kurz bevor ich das dritte Viertel in 3:46 Stunden beendete, lief Heiko als Dritter unseres Wettbewerbs ins Ziel.

Ich spürte nichts, rein gar nichts von einer Euphorie, um eine schnellere zweite Hälfte zu laufen, so wie ich es gehofft hatte. Langsam bereitete ich Mats darauf vor, dass ich nicht bis 20 Uhr im Ziel sein würde und er den Spielbeginn von seiner Hertha gegen Düsseldorf wahrscheinlich verpasste. Aber ich notierte auch, dass nun nur noch Burkhard und Falco vor mir ins Ziel kommen würden. Ich wäre also der drittnächste, der mit der Fahne in der Hand in entgegengesetzter Richtung laufen würde. Das erzählte ich auch Anja, als sie mir ein Stück entgegenkam. Man muss sich motivieren können.

Hingegen demotivierte mich, dass die Sonne immer stärker schien. Ich konnte mich nicht dagegen wehren. Ich konnte nur meine Kappe aufziehen, jeden halben Kilometer meinen Schwamm in kaltes Wasser tauchen und ihn dann über meinen Kopf auswringen. Aber es gibt auch Kleinigkeiten, die in diesen Momenten aufmuntern. So fiel mir ein, dass ich noch ein ärmelloses Hemd dabeihatte. Das Umziehen brachte Abwechslung und vor allem trug sich das Hemd viel angenehmer, weil es luftiger war. Ebenso fiel mir ein, dass ich noch kein Malzbier getrunken hatte und genoss, einmal etwas anderes als Cola und Wasser zu mir zu nehmen.

Schließlich kam Burkhard als Vierter ins Ziel und nur noch Falco lag zwischen mir und meinem Zieleinlauf. Ihm ging es noch viel schlechter als mir und ich überholte ihn ein paar Mal. Aber ich hatte so viel Rückstand, dass ich ihn nicht mehr einholen konnte. Einmal fragte ich, ob es bei ihm auch hauptsächlich die Füße waren, die schmerzten. Er sagte, nein. Mehr die Hüfte, der Rücken und eigentlich alles.

Ich drehte zwei weitere Runden und dachte plötzlich an die Halbmarathon-Runde im Düppeler Forst bei meinen Eltern. Ich hatte gehofft, dass mir die Aussicht, nur noch 20 Kilometer vor mir zu haben, Auftrieb geben würde. Aber wie ich schon geschrieben habe, der Gedanke an diese Runde und wie weit 20 Kilometer sein können, deprimierte mich total. Die nächsten beiden Runden ging ich komplett und als ich nach der 52. Runde bei Anja ankam, war ich kurz davor hinzuschmeißen. Was für eine Qual? Was für eine gottverdammte Qual? Vielleicht dachte ich in diesem Moment zum letzten Mal an meine Depression, das Burnout, die Midlife-Crisis. Wie beschissen ging es mir damals? Ich konnte keine 500 Meter geradeaus laufen. Ich konnte mich nicht auf dem Rennrad halten. Aber es hatte jetzt fast keinen Wert mehr. Es ist überwunden, dachte ich. Es kann nicht mehr als Ausrede gelten. So oft in den vergangen drei Jahren hat mich der Gedanke an diese Zeit motiviert und stolz sein lassen auf das, was ich wieder schaffte. Aber jetzt ist es vorbei. Wenn es in diesem Moment auch kein großer Trost war, im Nachhinein ist es gut, das zu wissen und gefühlt zu haben.

Vielleicht machte ich deshalb weiter. Weil ich begriff, dass ich alle Ängste überwunden hatte. Ansonsten weiß ich nicht, warum ich weitermachte. Vielleicht einfach nur, weil die Füße beim Sitzen genauso schmerzten wie beim Laufen oder Gehen. Noch vier Runden, dann sind es nur noch zehn. Der Schützenplatz füllte sich langsam wieder. Es war ja Samstagnachmittag. Warum nicht mal die Verrückten angucken und ein Bier trinken? Oft schlich ich über den Platz.

Manchmal aber blickte ich auch auf und schaute mir die Zuschauer ringsherum an. Und sie klatschten und waren begeistert. Sie sahen mich ja an, also musste ich auch mal zurückschauen. Und dann spürte ich, dass hier schon etwas Besonderes vor sich ging. Etwas, was sich schwer beschreiben lässt. Neben allem Unverständnis spürte ich eine Menge Respekt und manchmal vielleicht sogar Bewunderung. Es gab einen etwas älteren Mann, der mit seiner Frau auf einer Bierbank saß und dessen Blick ich erwidert hatte, als er mir zuklatschte. In den nächsten Runden wurde sein Klatschen immer lauter, wenn ich kam. Ein anderer Mann, den ich auf Mitte 30 schätzte, fotografierte mich, wie ich zuerst dachte. Doch dann merkte ich, dass er mir mit seinem Smartphone folgte und mich wahrscheinlich sogar filmte. In der nächsten Runde erspähte er mich wieder und das gleiche wiederholte sich. Vielleicht hat er alle gefilmt. Doch ich hatte das Gefühl, das er gerade mich zu seinem „Helden" auserkoren hatte.

Zehn Runden vor dem Ende blieb ich ein letztes Mal bei Anja, Henrik und Mats sitzen und schmierte die Füße mit Vaseline ein. Es brachte nichts, außer der Aussicht, die ich davor hatte, gleich noch einmal diese kurze Pause zu haben. Dann ging das erbitterte Zählen weiter. Noch neun, noch acht… Die Rundenzeiten blieben konstant bei 13 Minuten. Schneller ging es nicht mehr. In meiner siebtletzten Runde kam Falco ins Ziel. Jetzt würde ich der Nächste sein.

Anja begleitete mich noch einmal ein Stück und sagte, dass Mats gerne auch noch einmal mitlaufen würde und vor allem auch die letzte Runde mit mir drehen wollte. Na klar, sagte ich. Als er dann neben mir herlief, versuchte er, mein Lauftempo gehend zu schaffen. Wenn man dann merkt, wie langsam man ist, kann das deprimierend sein. Aber er hielt nicht ganz mit und kam dann wieder vorgelaufen. Nicht besonders schnelles Lauftempo, sagte ich. Dafür, dass du schon 7,6 Kilometer geschwommen bist, 360 Kilometer Rad gefahren und bald 80 Kilometer gelaufen, ist das nicht schlecht, sagte er. So kann man das auch mal zusammenfassen, dachte ich.

Dann noch fünf, noch vier, noch drei Runden. Zu Beginn der vorletzten Runde verwirrte ich Henrik, weil ich sagte, dass ich nun nur noch einmal in dieser Richtung an ihm vorbeilaufen würde. Tradition hat bei Ultra-Triathlons, wie ich schon geschrieben habe und woran du dich vielleicht auch erinnerst, dass jeder die letzte Runde in entgegengesetzter Richtung läuft. So wird man von den anderen beglückwünscht und kann ihnen noch viel Erfolg auf ihren Runden wünschen. In der Zwischenzeit war bereits der Sieger des Triple-Ironmans im Ziel und der Zweite befand sich auf seiner letzten Runde. So sorgte ich mich einen Moment lang, ob überhaupt jemand mitbekommen würde, dass ich auch gleich meine letzte Runde anging. Aber ich hatte mich umsonst gesorgt. Einer vom Organisationsteam wartete bereits auf mich, übergab mir die Deutschlandfahne und zeigte mir, wo ich auf dem Schützenplatz drehen sollte. Dann ging es gleich wieder bei Anja und Henrik vorbei und Mats kam mit mir mit. Ich schaffte es, den Anstieg zum Schwimmbad hochzulaufen und nahm die ersten Glückwünsche entgegen. Neben den Teilnehmern des Triples waren noch Eddie, Anja und Margit unterwegs. Dann ging es über das Sportplatzgelände, wo die anderen Crewmitglieder mir gratulierten. Ich empfand die Runde fast anstrengender als in unserer normalen Richtung, aber ich wollte nun auch keinen Meter mehr gehen. Mats und ich bogen in die Meiereistraße ab und ernteten den Jubel der Familie, die seit dem Nachmittag im Garten gesessen hatte. Dahinter ging es bergab und schließlich auf die letzten Meter die Lübecker Straße entlang. Vorne am Eingang zum Schützenplatz lauerten sie und dann drehten sie ACDC auf so wie zu jedem Zieleinlauf. Aber das war jetzt meiner. Mats hatte sich gescheut, vorne mit durchs Ziel zu laufen und stand mit Anja und Henrik nun hinter der Zielbanderole. Ich blickte einmal durchs Ziel, schaute die Zuschauer an, dann noch einmal zu Anja. Und dann hindurch. Ich konnte nur einen Arm heben. Mit dem anderen musste ich die Fahne halten. Das Zielband war so gut befestigt, dass ich fast nicht hindurch kam. Oder war ich nur zu schwach? Aber dann hatte ich es geschafft. Nach 32:38 Stunden. Nun musste ich nie wieder laufen, nie wieder Rad fahren, nie wieder schwimmen oder einen anderen Sport machen. Mein Leben könnte jetzt nur noch aus essen, trinken und schlafen bestehen. Es tut so gut, wenn mal alles erledigt ist, man seine Ziele erreicht hat und nichts mehr vorhat.

Zuerst fiel ich Anja um den Hals, dann Henrik und klatschte schließlich Mats noch einmal ab. Danke, was kann man mehr sagen? Ich war wieder da. Und es war härter als gedacht und vielleicht härter als je zuvor. Viele Male hatte ich „nie wieder" gesagt, aber man weiß ja, dass man nie „nie" sagen soll. Mit der Erfahrung müsste es doch leichter gehen oder besser. Aber der Weg dahin ist mitunter auch so kompliziert, dass es im Moment beim „nie wieder" bleibt. Wir werden sehen, was in einigen Jahren ist. Aber bis dahin gibt es viele andere schöne Dinge zu erleben. Auch abseits vom Sport.

Schön war die Siegerehrung am nächsten Tag. Wie geschrieben kamen neun von elf Teilnehmern ins Ziel. Jetzt kannten wir uns und das Gefühl einer Klassengemeinschaft kam ein bisschen auf. Dann bis zum nächsten Mal möchte man sagen. Wann und wo immer das ist. Bis dahin viel Glück auf Euren Wegen! Jetzt sind erstmal Familie und Freunde dran.

Dein S.

Ich will doch nur durchkommen

Als Taschenbuch erhältlich

Triple-Ultra-Triathlon Lensahn 2011
ISBN 978-3-7583-0189-6

10 Marathons in 10 deutschen Großstädten 2012
ISBN 978-3-7583-1292-2

100-Meilen-Lauf Berlin 2015
ISBN 978-3-7543-5564-0

Der Depression davongelaufen (2021)
ISBN 978-3-7543-5192-5

Double-Ultra-Triathlon Lensahn 2023
ISBN 978-3-7578-8954-8

Als E-Book erhältlich

Swiss Alpine Marathon Davos 1993
Langdistanz-Triathlon Schwerin 1994
Ironman Roth 1997
Ironman Roth 1998
Ironman Roth 1999
Ironman Roth 2000
Ironman Roth 2001
Langdistanz-Triathlon Moritzburg 2003
Ostseeman Glücksburg 2004
Langdistanz-Triathlon Moritzburg 2005
Triathlon Challenge Roth 2006
Langdistanz-Triathlon Moritzburg 2007
6-Stundenlauf Bernau 2007
24-Stundenlauf Berlin-Weißensee 2007
Rennsteig-Supermarathon 2009
Langdistanz-Triathlon Moritzburg 2009
Langdistanz-Triathlon Moritzburg 2010
Swiss Alpine Marathon Davos 2010
6-Stundenlauf Bernau 2010
Mauerweg-Tour Berlin 2010
100-km-Lauf Grünheide/Kienbaum 2012
Triple-Ultra-Triathlon Lensahn 2012
Double-Ultra-Triathlon Neulengbach 2013
Langdistanz-Triathlon Moritzburg 2013
100-Meilen-Lauf Berlin 2013
Triple-Ultra-Triathlon Lensahn 2014
Mein 100. Marathon (2015)
Ironman Frankfurt 2022

„Erinnerung kommt ja immer mit. Erinnerung bleibt nicht in der Vergangenheit. Sie bleibt nicht dort, wo sie hingehört. Und wenn man sie irgendwann wieder vor Augen hat, ist man über ihre Wirklichkeit erstaunt."

Lorenz Paul *Anders* im Buchhandel erhältlich.
ISBN 978-3-7534-2496-5